AF302563

CONOCE A GENTE POR INTERNET

Las claves para encontrar a tu media naranja en la red

Por Sophie Mévisse

Traducido por Laura Soler Pinson

Salud y bienestar   **50MINUTOS**.es

CÓMO CONOCER A GENTE POR INTERNET   9

LOS SITIOS DEL ENCUENTRO   13

CONSEJOS PRÁCTICOS   29

¿Cómo escojo un pseudónimo?

¿Qué foto de perfil elijo?

¿A qué hay que dar preferencia en mi perfil?

¿Cómo inicio la conversación?

¿Qué reglas de conducta debo respetar durante las interacciones?

Los usuarios que debo evitar

¿Cuándo y dónde programo la cita real?

EN RESUMEN   47

PREGUNTAS FRECUENTES   49

¿Cuáles son las ventajas y los inconvenientes de conocer a gente por internet?

¿Con qué presupuesto tengo que contar para registrarme en un portal de citas?

¿Existen otras páginas donde se puede conocer a gente?

¿Por qué tengo que elegir una foto de perfil y cómo la elijo?

¿Cómo completo mi perfil?

¿Qué reglas debo respetar cuando interactúo en internet?

¿Cuándo y dónde programar una primera cita?

PARA IR MÁS ALLÁ   55

CÓMO CONOCER A GENTE POR INTERNET

- **¿Problemática?** En un momento en el que parece cada vez más difícil conocer a gente, internet se presenta como la solución. Pero, ¿qué hay que hacer para encontrar a nuestra media naranja o, al menos, una relación estable en la red?
- **¿Meta?** Descubre todos los trucos, pero también todas las trampas que debes evitar para que tus encuentros en internet sean un éxito.
- **¿Preguntas frecuentes?**
  - ¿Cuáles son las ventajas y los inconvenientes de conocer a gente por internet?
  - ¿Con qué presupuesto tengo que contar para registrarme en un portal de citas?
  - ¿Existen otras páginas donde se puede conocer a gente?
  - ¿Por qué tengo que elegir una foto de perfil y cómo la elijo?
  - ¿Cómo completo mi perfil?
  - ¿Qué reglas debo respetar cuando interac-

túo en internet?

- ¿Cuándo y dónde programar una primera cita?

¿Sales del trabajo a altas horas de la tarde y te gustaría conocer a gente que comparta el mismo ritmo de vida y algunos de tus centros de interés? ¿Estás harto de que tus amigos no dejen de presentarte a personas solteras que «podrían interesarte», pero te parecen aburridas? Muchas personas se encuentran en la misma situación que tú y deciden recurrir a internet con el objetivo de ampliar su círculo. No importa si solo buscas un romance o, por el contrario, un amor de verdad: existen muchas opciones que te permitirán ponerte en contacto con nuevas personas. ¡Así que no lo pienses más y da el paso!

LOS SITIOS DEL ENCUENTRO

Aunque tomar la decisión de conocer a gente nueva es bastante sencilla, elegir el portal que te conviene resulta mucho más complejo. En efecto, en estos últimos diez años, no han dejado de multiplicarse en la red los sitios que propician los encuentros. En esta multitud de páginas web, podrás descubrir aquellos que preconizan la búsqueda del amor verdadero, los que tienen como objetivo los encuentros de todo tipo y otros que apuestan por las relaciones frívolas. Además, ponen a tu disposición herramientas que simplifican tus búsquedas.

Por lo tanto, tu primera etapa consiste en analizar lo que realmente deseas encontrar en esta nueva aventura para decidirte por la página más adaptada a tu personalidad y a tus deseos.

LOS SITIOS DE ENCUENTROS Y LAS APLICACIONES EN EL *SMARTPHONE*

Los sitios de encuentros son espacios totalmente dedicados a entablar nuevas relaciones. Son de naturaleza diversa y, por lo tanto, se dirigen a públicos diferentes: algunos se centran en la franja de edad de 20-35 años, otros están encaminados a una cierta élite social y otros quieren reunir a personas que comparten las mismas pasiones. Por lo tanto, se puede encontrar de todo en la red, siempre y cuando sepamos lo que buscamos.

No obstante, es importante señalar que la mayoría de los sitios conocidos —y que, por lo tanto, reúnen a un mayor número de solteros— se vuelven de pago en un momento dado. Así, se proponen tipos de abonos para permitir que los usuarios envíen mensajes de forma ilimitada o, incluso, que identifiquen a la gente que ha consultado su perfil. El dinero invertido permite pagar los servidores y la interfaz del sitio, y remunerar a los moderadores que gestionan los perfiles de los internautas. En reglas generales, cuanto más éxito tiene el sitio de encuentros, más caro es el acceso a todas las herramientas que propone. No obstante, algunos intentan disminuir los costes colocando publicidad en las páginas de su dominio.

Los servicios que proponen los abonos varían sensiblemente dependiendo del portal y pueden dar acceso a muchas funciones sofisticadas, como unos test de personalidad, horóscopos amorosos, etc., mientras se garantiza a los internautas la seriedad de la empresa. En efecto, imponer un acceso de pago al sitio permite filtrar a los usuarios indeseables, como los perfiles falsos (esos usuarios malintencionados que esconden su identidad real) o los ciberdelincuentes.

En caso de que te suscribas a algún paquete, recuerda que, al final del periodo elegido (un mes, seis meses, un año), el contrato se renovará tácitamente. Por lo tanto, tú mismo tendrás que anularlo para que el importe del abono no se te descuente automáticamente de la cuenta.

Meetic

Meetic es el portal de citas imprescindible de la red. Todo el mundo lo conoce o ya ha oído hablar de él gracias a su publicidad omnipresente que se emite sobre todo por televisión. Aunque le ha salido mucha competencia a través de otras plataformas —cada una propone particularidades, todas igual de interesantes, que apelan a una cierta originalidad—, sigue siendo el sitio de referencia en materia de encuentros en línea y concentra un amplio público en el que están representadas todas las franjas de edad. Según una encuesta realizada por la empresa francesa TNS Sofres, en 2012, Meetic era el sitio más recomendado por los solteros. Además, los administradores de la página estiman que más de dos millones de personas ya han conocido a alguien en su portal.

Aunque la inscripción es gratuita, Meetic se vuelve de pago cuando quieres dedicar más tiempo a ponerte en contacto con alguien. No obstante, puedes inscribirte en el sitio, completar tu perfil e, incluso, intercambiar algunos mensajes con otras personas sin pagar un solo céntimo. Al suscribirte a una opción, podrás utilizar la mensajería de forma ilimitada y estarás seguro de poder navegar sin publicidad. Un mes cuesta 36,99 €, pero, si optas por una fórmula de más duración, como seis meses, tan solo pagarás

12,99 € al mes.

Meetic propone una búsqueda basada en criterios básicos, como la edad de la persona, su lugar de residencia, si fuma, etc. Su sencillez puede resultar un obstáculo para algunos, que preferirán información más exhaustiva. Si es tu caso, consulta Meetic Affinity, que te planteará preguntas más precisas sobre tu visión de la pareja, tu personalidad, tus gustos y tus valores. Tras haber completado un formulario, el sitio te propondrá automáticamente a personas que tengan resultados similares a los tuyos, gracias a un cálculo de afinidades. La inscripción a Meetic Affinity es más cara que la de Meetic: un mes de uso se sitúa en 40 €, un abono de seis meses cuesta 15 € al mes y, si optas por el paquete de un año, el precio baja a 10 € al mes.

EliteDating (en España, eDarling)

¿Quieres conocer a alguien que se parezca a ti? ¿Que sea igual de meticuloso que tú? ¿Te gustaría pasar el rato con una persona tan sensible como tú, es decir, con alguien que podría comprender tu estado anímico? EliteDating es la respuesta.

Cuando te inscribes, tienes que rellenar un cuestionario para determinar las cinco dimensiones de tu personalidad (la capacidad de organización, la tolerancia, la flexibilidad, la sociabilidad y la sensibilidad) y, en base a ello, podrás ver cómo tus resultados concuerdan con los de otro individuo. Gracias a la información recopilada, el portal te presentará a algunas personas «compatibles» en la pestaña «perfiles compatibles». Si deseas conocer a alguien más en profundidad, EliteDating también te propone unas listas de preguntas generadas por el portal que podrás enviar a las personas que hayan llamado tu atención, con el objetivo de determinar las reacciones que el otro podría tener en una situación dada.

Los servicios de EliteDating son de pago. No se puede utilizar la mensajería sin suscribirse. En España, la fórmula de eDarling más ventajosa es el abono anual, que cuesta 22,90 € al mes. No obstante, si deseas probar el portal por un tiempo más limitado, la tarifa mensual aumentará enormemente (69,99 €). Estos importes tan elevados permiten seleccionar a los usuarios desde que entran para dirigirse solo a solteros «exigentes».

Attractive World

Hemos hablado de los principales portales en España, pero en Francia, por ejemplo, también se puede optar por Attractive World. Este portal pretende ser más serio que sus competidores por una sencilla razón: aquí no se entra como Pedro por su casa. En efecto, antes de poder navegar por la página y conocer a gente, los moderadores y los miembros deben validar tu perfil. Por lo tanto, tendrás que esperar unos días antes de poder disfrutar de esta opción. Para ser admitido, estás obligado a poner tu foto cuando te inscribes, algo que no ocurre en los demás sitios de encuentros citados en este libro.

Attractive World está destinado a la franja de edad de 35-55 años que, sin duda, estará más dispuesta a pagar un abono costoso: 59 € por un mes y 29 € si optas por la fórmula de seis meses.

En cuanto se abren las puertas de Attractive World, se pueden realizar búsquedas avanzadas basadas, sobre todo, en el nivel de estudios o, incluso, en los ingresos anuales que tendría que tener la persona que quieras conocer. De hecho, el sitio se jacta de representar a una población educada, de una edad más madura que sus competidores.

Adopta un tío

Adopta un tío es un sitio muy apreciado por la franja 20-35 años. El portal presenta un concepto poco común entre los portales de citas: todo está diseñado para que las mujeres no sean acribilladas y controlen al máximo sus encuentros. Esto significa que, si eres mujer, puedes hablar a los hombres que te gusten, pero ellos no pueden ponerse en contacto contigo sin tu previo acuerdo. Dicho esto, incluso después de haber aceptado a alguien, siempre es posible denunciarlo a los moderadores y/o bloquearlo si surge algún problema.

Adopta un tío está destinado a un público joven y las intenciones de los usuarios no siempre son muy serias. De hecho, en la página, encontrarás con bastante facilidad los objetivos del sector masculino, ya que se supone que los hombres deben aclarar sus expectativas mencionando en la pestaña CDD («contrato temporal») o CDI («contrato indefinido»): en el primer caso, buscan a alguien para pasar un buen rato y, en el segundo, una relación seria.

El portal, que apuesta por el humor, ofrece realizar búsquedas en base a ciertos aspectos físicos (por ejemplo: barbudos, tatuados, etc.) y a ciertas particularidades (por ejemplo: cocina, arregla cosas, etc.).

Cuidado, el sitio es de pago para los hombres y para las cuentas especiales, pero sigue siendo menos caro que Meetic Affinity o que EliteDating. Puedes suscribirte a una cuenta Vip Unlimited, que tendrá un coste de 19,90 € al mes, mediante un pago único de 59,70 € (tres meses) o a una Priority, para la que tendrás que pagar 6,90 € al mes, mediante un pago único de 20,70 € (tres meses).

Tinder

Dylan, 28 años: «Tinder es fácil de usar. La aplicación presenta fotos al usuario. Si consideras atractiva a una persona, desliza la foto hacia la izquierda, y si tú también le gustas a esa persona, tendrás la oportunidad de hablar con ella; en caso contrario, no tienes más que deslizar la foto hacia la derecha y no ocurrirá nada».

Tal y como explica Dylan, Tinder es una aplicación de *smartphone* en la que ambas partes deben gustarse físicamente para iniciar un diálogo. Por sí solo, este mutuo acuerdo previo es una ventaja, ya que permite filtrar a los «indeseables», pero la decisión solo se basa en criterios físicos, y no en la personalidad del otro o en sus centros de interés. Además, la selección de fotografías que aparece en tu pantalla depende de la proximidad geográfica de los otros usuarios con respecto a ti, lo que favorece los encuentros en la vida real.

No obstante, cabe señalar que la reputación de Tinder es bastante voluble, y muchos son los que acuden a esta página para historias relativamente cortas. En relación a esto, Karine Jaillardon escribe que «con Tinder, el amor y la seducción se convierten en utilitarios. Las interacciones se vuelven más pobres, se esfuma toda la magia de la seducción, para dejar sitio solo a diálogos puramente funcionales»[1] (Jaillardon 2015). Esta afirmación se confirma con los resultados de un sondeo del Instituto Francés de Opinión Pública que muestra que el uso de los sitios de

---

1. Cita traducida por 50Minutos.es

encuentros (incluidas las aplicaciones de encuentros para *smartphone*) hace que surjan dos tendencias: una consiste en ver cómo emergen conductas sexuales en línea (correspondencia erótica, cibersexo, etc.), y la otra es la «*hookup culture*», que pone los medios de comunicación al servicio del establecimiento de relaciones IRL (*In Real Life*, «en la vida real») que gravitan en torno al sexo. En eso, Tinder se parece a Grindr (una aplicación utilizada por los homosexuales para encontrar parejas cerca): sus usuarios quieren conocer a gente que busque más bien relaciones sexuales, no especialmente serias. Por lo tanto, Tinder está recomendado para las personas que no desean vínculos importantes —al menos *a priori*— pero que, aun así, quieren conocer a gente con la que potencialmente pueden tener encuentros relativamente frívolos. También es un buen medio para conocer a gente cerca de ti, sin importar cuál sea el desenlace de la cita.

¿LOS SITIOS DE ENCUENTROS TAMBIÉN PROPONEN APLICACIONES?

Todos los sitios de encuentros mencionados en este capítulo tienen una aplicación accesible a través de tu *smartphone*. En ella, están incluidas las funciones más importantes de la página: la mensajería, la posibilidad de modificar tu perfil personal, la navegación por los perfiles de los otros usuarios, etc. De todas formas, debes tener cuidado con las compras compulsivas de las funciones premium para estas aplicaciones: los precios fijados son bastante elevados.

LAS PÁGINAS DE INTERESES COMUNES Y LAS REDES SOCIALES

Tal y como hemos mencionado al principio de esta obra, internet ofrece un amplio abanico de posibilidades para comunicarse con otras personas. Por lo tanto, es totalmente posible conocer a gente en otras páginas, en especial a través de los sitios de intereses comunes y las redes sociales (sobre todo, Facebook).

Algunas personas prefieren conversar con gente que comparte los mismos intereses que ellas. Así, los foros pueden convertirse en una alternativa particularmente interesante a los sitios de encuentros. Para encontrarlos, basta con teclear algunas palabras clave en tu motor de búsqueda o con dejarte guiar por el boca a boca. No obstante, este tipo de páginas exige otro tipo de compromiso, ya que, para darse a conocer, el usuario debe participar activamente en los hilos de conversación para integrarse de esta manera en la comunidad.

Con Facebook, la red social más popular, tienes la posibilidad de crear grupos o unirte a ellos. Pueden ser públicos o privados, y tratar temas diversos y variados. Algunos surgen como grupos de intereses comunes y permiten tener espacios de diálogo donde se reúne gente que comparte las mismas pasiones. Esto ofrece muchísimas oportunidades de diálogo sobre temas que te interesan personalmente y con los que te sientes cómodo.

Otros están relacionados con lugares. Los habitantes de algunas poblaciones crean grupos para compartir acontecimientos que se desarrollarán ahí o, incluso, fotografías de algunos lugares o edificios destacables. Este tipo de grupos te permitirá conocer a tus vecinos y, por lo tanto, conocer a gente que viva cerca de ti. Además, si estás en el extranjero, existen muchos grupos de personas que comparten la misma nacionalidad, con el objetivo de favorecer la solidaridad y los encuentros entre expatriados.

Tampoco dudes en unirte a eventos públicos, como por ejemplo aperitivos, exposiciones, conferencias o todo tipo de reunión, donde podrás conocer a gente. Antes de acudir, también puedes consultar el perfil de las personas que probablemente participarán en él.

CONSEJOS PRÁCTICOS

¿CÓMO ESCOJO UN PSEUDÓNIMO?

Escoger un pseudónimo no es tan banal como podría pensarse. En efecto, antes de conocer tu nombre, los usuarios te identificarán por tu pseudónimo y será esto lo que les llevará a ponerse en contacto contigo o no. Por lo tanto, es importante que cuides este aspecto para despertar su atención sin caer en algunas excentricidades.

Según un estudio de la Universidad Queen Mary de Londres, los pseudónimos pícaros, es decir, los que generan buen humor o los que son graciosos atraerían a los dos sexos. Por lo tanto, es importante que cuides su aspecto «cálido» y «alegre».

Un pseudónimo bueno es sobrio y no tiene que dar la sensación de que se ha generado de forma automática: por lo tanto, evita la sucesión de números, los pseudónimos demasiado simples, efímeros, etc. Es mejor optar por pseudónimos que te inspiran tus autores, actores y personajes favoritos, ya que esto puede despertar las ganas de contactarte en alguien que comparte tus centros de interés. Recuerda que si te decides por pseudónimos relacionados con diversos elementos culturales (nombres de grupos de música, de directores, títulos de películas, etc.), es muy probable que te hablen amantes de esos ámbitos, por lo que sería una lástima que no supieses nada del tema.

Asimismo, opta por pseudónimos cortos, que se puedan pronunciar fácilmente, para que tus interlocutores puedan identificarte más fácilmente.

¿QUÉ FOTO DE PERFIL ELIJO?

Como es natural, cuando nos convertimos en usuarios de un portal de citas, queremos aparecer con nuestra mejor cara, ya que, digan lo que digan, el físico está considerado un criterio de seducción importante. Es cierto que, en la vida real, no podemos esconder todos nuestros defectos, pero podemos caer en la tentación de modificar un poco las fotos para lucir lo mejor posible en internet. Con todo, es una mala idea. Cuando desees ir más allá en tu relación proponiendo una cita en la vida real a la otra persona, tienes que evitar que se decepcione y se sienta traicionado —y rompa la relación— porque no te pareces en nada a las fotos que tienes en tu perfil.

> Alex, 27 años: «Tuve una mala experiencia con un hombre que había conocido por internet unas semanas antes y que me gustaba mucho. Habíamos acordado una cita y, durante el encuentro, me di cuenta de que él estaba decepcionado —seguramente esperaba otra cosa—; él me había imaginado de otra manera. Yo, en cambio, me sentía todavía más atraída: era mucho más guapo que en las fotos».

A pesar de su importancia, no debemos olvidar que la foto de perfil solo ofrece un lado rígido y limitado de nuestro físico. Así, puede suceder que, aunque el otro no haya hecho trampas con su foto, te lleves una sorpresa cuando te reúnas con él. Por lo tanto, debes recordar que muchos usuarios escogen las fotos de perfil que creen que les favorecen, sin que ello signifique que represente realmente a la persona en su conjunto.

¿Pero cómo hago para escoger la foto correcta? El buen humor y la alegría son fórmulas que siempre funcionan: una sonrisa —cuidado, una sonrisa real, no una puesta en escena— despierta la atención del visitante. Esto se ve reforzado si miras el objetivo: así, la frontalidad de la mirada es fundamental. En relación a esto, no hay que optar por el autorretrato, ya que parece que su uso perjudica totalmente a los hombres, al contrario que a las mujeres. Por lo tanto, es aconsejable que alguien te saque una foto que ayude a hacerse una idea general de tu físico. De hecho, publica varias fotos de ti en tu perfil: una del rostro como foto principal y, al menos, una en la que aparezcas de cuerpo entero. Para acabar, y en líneas generales, hay que evitar absolutamente fotos en las que sales con tu mascota.

En resumen, para que una foto de perfil sea buena, alguien debe tomarla por ti, tiene que ofrecer una idea de tu silueta y en ella saldrás sonriente, con la mirada fija en el objetivo. Para acabar, quizás te parezca obvia esta información, pero cuida la calidad de tus fotos. No tienes que acudir a un fotógrafo profesional para obtener buenos resultados, pero es necesario que tu foto de perfil sea bien nítida (evita los desenfoques artísticos) y tenga una exposición correcta. Las fotos que se toman con la cámara de tu ordenador pueden servir si su calidad es correcta, pero es mejor optar por fotos sacadas con una cámara de fotos, ya que su calidad es más notoria.

¿A QUÉ HAY QUE DAR PREFERENCIA EN MI PERFIL?

El perfil es tu DNI en el portal. Contiene los datos que permiten definirte con respecto a los demás y despertar su curiosidad. Por lo general, el perfil suele ser un conjunto de respuestas cortas a preguntas diversas sobre tus gustos, tu forma de ver el mundo, tu apariencia, etc., pero también hay varios espacios en los que puedes escribir lo que quieras: tú tendrás que decidir lo que quieres compartir y podrás dejar volar tu imaginación.

La regla de oro es ser siempre uno mismo, conocerse lo suficiente para destacar nuestros propios puntos fuertes y nuestras características especiales (por supuesto, sin caer en el narcisismo). Mantén tu sencillez y sé fiel a ti mismo, a la vez que demuestras tu originalidad. Si no sabes cómo describirte, no dudes en preguntar a algún amigo qué cree que te hace único, si eso te ayuda a arrojar un poco de luz.

Un buen perfil se lee como un currículo, es decir, rápidamente. Hay que abordar la cuestión en pocas frases y despertar a la vez el deseo en el lector de saber más. No necesitas diez mil caracteres para suscitar esa curiosidad: sé claro, conciso, breve y directo. En la vida real, no te gustaría encontrarte con una persona que te cuenta su vida sin dejar de hablar durante una hora, y lo mismo sucede con internet. Los internautas huyen de los textos larguísimos. En cambio, acudirán a ti si comparten tus centros de intereses, si tu perfil es gracioso o si les gustan tus fotos. Por lo tanto, es fundamental que destaques lo que realmente te gusta y lo que te hace único como individuo. Acuérdate también de indicar tus intenciones explicando en unas palabras la razón que te ha llevado al portal. Al hacerlo, te asegurarás de que tus futuros interlocutores compartirán las mismas intenciones que tú. Esto te evitará sorpresas desagradables.

CONSEJOS

- Sé preciso: si te gusta leer, indica tus autores y tus obras favoritas, o también tus géneros predilectos. Mencionar solo que te gusta la lectura es demasiado vago como para suscitar una conversación.
- Sé positivo: los usuarios se muestran más proclives a acudir a personas que parecen felices y que son positivas, en vez de dirigirse a personas tristes y pesimistas.
- Intenta que en tu texto salgan a relucir tus puntos fuertes: así, no digas solo que eres gracioso. Demuéstralo en tus expresiones redactando un texto que saque sonrisas.
- Evita atribuirte cualidades estéticas (por ejemplo: «soy guapa»). Esto puede verse como narcisismo; deja que tus interlocutores se hagan una idea por sí solos.
- Vuelve a leer tus textos antes de publi-

carlos para evitar las faltas de ortografía: estas perjudican las ganas de leer un mensaje o un perfil.

¿CÓMO INICIO LA CONVERSACIÓN?

Cuando llega el momento de la primera interacción, hay que intentar cuidar la aparición en escena. Por lo tanto, evita el famoso «Hola, ¿qué tal?». Es cierto que esta fórmula es educada y neutra, pero en seguida puede resultar irritante si eres la décima persona que inicia la conversación de esta manera. Ten cuidado también con las presentaciones un tanto fáciles, como «Soy Fabrice de París» o «Me llamo Nathan, ¿y tú?». Estas frases son muy comunes y pueden aburrir muy rápidamente, sobre todo porque muchos internautas deciden utilizar su nombre y/o su ciudad en su pseudónimo. Cuando estás en sociedad, si hablas espontáneamente con un desconocido, jamás te presentas mencionando tu nombre y, a continuación, la ciudad en la que vives. Para romper el hielo, es más natural comentar el contexto en el que te mueves antes de presentarte. Por lo tanto, es mejor empezar una conversación de forma graciosa o interpelar a alguien acerca de una cosa que os une y, solo después, hacer las presentaciones. Además de mostrar tu originalidad y, por ende, de llamar la atención de la persona con la que entras en contacto, mantendrás un cierto misterio, lo que avivará la curiosidad de tu interlocutor.

Así, sé original y gracioso. Muéstrate interesante e interesado por el otro, y reacciona, por ejemplo, a un detalle que te ha marcado de su perfil o, incluso, a fotos para iniciar una conversación sin caer en lo fácil.

En concreto, ¿qué tengo que hacer?

Por ejemplo, puedes resaltar una de tus pasiones actuales que compartes con el otro:

- «He revisado tu perfil y me he dado cuenta de que te encanta tal película. Es también una de mis preferidas. No puedo evitar reírme cuando…».
- «En tu perfil, dices que Islandia es el viaje más bonito que has hecho. Todavía no he tenido la suerte de ir, pero he escuchado tantas cosas buenas… ¿Tienes lugares

que recomendarme… o cosas que debería evitar, por si acaso?»

También puedes resaltar un detalle de una foto:

- «Estaba mirando tus fotos y me he dado cuenta de que estuviste en el concierto de tal cantante. ¡Tienes mucha suerte de haberlo visto en acción! Yo quise ir, pero el aforo ya estaba completo. ¿Qué tal estuvo?»

O, simplemente, puedes hacer una gracia:

- «Busco desesperadamente una forma original de contactar contigo, pero, por lo que se ve, mi inspiración me juega malas pasadas. Pero no quiero dejar pasar la oportunidad de aprender a conocerte».

Recuerda que hacer cumplidos a alguien sobre su físico siempre le gustará. Sin embargo, no es la mejor forma de entrar en contacto con el otro. Los seductores que insisten demasiado utilizan a menudo esta técnica, y esto suele cansar. Además, sería una lástima quedarse solo en el físico, sobre todo si el perfil contiene datos interesantes sobre la propia persona: concéntrate mejor en sus intereses, ya que esto llevará a un diálogo más rico.

Si alguien no te responde inmediatamente, pero está conectado, no insistas. Quizás la persona no tenga ganas de responderte o, quizás, no tenga tiempo justo cuando le envías el mensaje. En este caso, la regla general es mantener la calma y no invadir el espacio de mensajería del otro, ya que corres el riesgo de que salga huyendo.

¿QUÉ REGLAS DE CONDUCTA DEBO RESPETAR DURANTE LAS INTERACCIONES?

Aunque estamos en internet, es importante que respetemos algunas reglas de seguridad. Nunca debemos dar a la otra persona información personal, como tu apellido o tu dirección, ni siquiera tu lugar de trabajo —al menos, en los primeros compases de la relación—. Además, nunca hay que proporcionar datos confidenciales, como tu número de cuenta.

Una buena interacción hará que te sientas bien, mientras que una mala provocará que surja en ti un sentimiento de malestar. Nada te obliga a continuar una aventura con alguien que no te convence y que te molesta. Si las cosas empeoran, no dudes en ponerte en contacto con los moderadores del portal, que podrán impedir que la persona vuelva a contactarte. Así, escucha tu intuición en todas las interacciones que lleves a cabo.

En caso de que la interacción vaya bien y que tu intuición te sugiera empezar una nueva etapa con esa persona, lánzate. Solo si te citas con alguien podrás tener una idea más precisa sobre él.

LOS USUARIOS QUE DEBO EVITAR

Los seductores demasiado insistentes

Ya en tus primeras visitas, es probable que te encuentres con algunos seductores demasiado intrusivos para tu gusto. Pero, afortunadamente, no son más que una minoría del público que utiliza los sitios de encuentros. No hay que olvidar que internet es el paraíso para los tímidos y que los usuarios tienden a eximirse de toda responsabilidad en lo relativo al alcance de sus palabras en la red. Aunque en tu día a día nunca se te pasaría por la cabeza abordar a alguien preguntando desde el principio cuestiones relacionadas con su vida íntima por temor a su reacción, en internet todo es diferente, ya que ante ti solo hay una pantalla. Por consiguiente, es más fácil hablar de cualquier tema.

En la mayoría de los casos, ignorar es la mejor solución: se cansarán antes que tú. Si se muestran más perseverantes de lo previsto, no dudes en alertar de su comportamiento a un moderador o en bloquearlos.

Las personas que ya están en una relación

Dylan, 28 años: «No veo la diferencia entre una relación por internet y una relación establecida fuera de la red. Seguramente es porque soy honesto en ambas situaciones, pero la persona con la que intenté establecer una relación no lo veía de la misma manera. Ella tenía un novio, algo de lo que no me enteré hasta varias semanas después. Pero también podemos tener este tipo de sorpresas en una relación tradicional. No sucede solo en las páginas y las aplicaciones de encuentros».

Desgraciadamente, no solo en los sitios de encuentros extraconyugales encontramos a hombres y a mujeres casados o que ya mantienen una relación. No obstante, algunos indicios pueden ayudarte a identificarlos:

- jamás se conectan por la noche o durante el fin de semana (tienen que atender las obligaciones familiares);
- no tienen un número de teléfono fijo. Los contactos solo se llevan a cabo a través del móvil;
- te piden que los contactes solo a ciertas horas;
- se citan contigo en todas partes, salvo en su casa.

Los estafadores

Los ciberdelincuentes son una amenaza real en internet. No siempre es fácil identificarlos ya desde las primeras interacciones, pero algunos elementos sí que pueden llamar tu atención:

- la persona con la que te comunicas se expresa en un español malo y el tono de vuestras interacciones puede variar sensiblemente de un día para otro (pueden ponerse en contacto contigo desde el extranjero y ser varios lo que te escriben);

- te preguntan muchas cosas sobre tu día a día para conocer tus costumbres;
- siempre se niegan a quedar contigo o jamás se presentan si así lo habíais acordado, pero aun así se las ingenian para obtener tu número de teléfono, tu dirección de casa, etc.;
- te dicen cosas contradictorias (un día viven en un lugar desde hace muchos años y, al día siguiente, jamás vivieron allí) y se encariñan contigo muy rápidamente;
- no encontrarás ningún dato sobre ellos en internet (ningún perfil de Facebook, etc.).

En cuanto percibas un comportamiento extraño, ponte en contacto con alguno de los moderadores de la página web y no vuelvas a hablar con esa persona. Si la persona te hace chantaje, acude a la policía; la ley castiga el chantaje.

¿CUÁNDO Y DÓNDE PROGRAMO LA CITA REAL?

Si tras unas interacciones sientes que realmente confías y crees que la relación podría ir más allá, es el momento de dar el siguiente paso: el encuentro real. En general, los especialistas aconsejan dar una dimensión real a la cita con bastante rapidez. En efecto, solo tienen que pasar unos días entre el momento en el que tu interés está en su máximo apogeo y el encuentro. Pero, de nuevo, es importante que te escuches: lánzate si te sientes preparado; si no, espera todavía un poco. No sirve de nada tampoco que metas prisa a la otra persona, ya que esto solo supondría un jarro de agua fría en vuestra relación.

No olvides tampoco que, a menos que habléis a través de la cámara del ordenador, lo cierto es que no tienes una idea del físico del otro. Solo cuando os conozcáis en la vida real podréis formaros una opinión precisa sobre el otro. Además, cuanto más pase el tiempo, mayor será el compromiso emocional, con lo que puede dejarse notar la necesidad de comunicarse con la otra persona en la realidad.

La elección del lugar es fundamental y deben respetarse algunas medidas de seguridad:

- hay que elegir siempre un lugar público. Por ejemplo, puedes ir a beber un trago y, a continuación, ir al cine;
- siempre hay que avisar a un miembro de tu

entorno del lugar y de la hora de la cita;

- tienes que llevar siempre el móvil encima;
- debes llegar siempre al lugar del encuentro por tus propios medios y evitar que la persona que vas a conocer te lleve en coche.

¿Y si el encuentro no se desarrolla como habías previsto?

Aunque las primeras interacciones prometían, puede ocurrir que no surja la química entre vosotros cuando se produzca el encuentro real. Esto sucede y no es nada grave. La cuestión es mostrarse honesto y no dejar que el otro imagine cosas si no ha sentido lo mismo que tú.

También puede pasar que ninguno esté atraído por el otro. Pero eso no quiere decir que tengáis que romper el contacto. Si vuestra relación no llega a ser de tipo amoroso, puede convertirse en una bonita amistad.

> Alex, 27 años: «Cuando me encontré con él, no hubo *feeling* por mi parte, porque no me atraía realmente. Y era recíproco. A pesar de todo, pasamos un buen rato juntos y nos reímos mucho. Quién sabe, a lo mejor seguiremos en contacto y seremos amigos».

EN RESUMEN

Hoy en día, conocer a gente por internet es muy fácil: los sitios dedicados a los contactos sociales están omnipresentes y se facilitan las interacciones. En definitiva, lo más difícil es escoger entre las posibilidades que se presentan ante ti. Sin embargo, solo tú puedes hacerlo: depende de tu personalidad, de tus deseos, etc. En cuanto hayas decidido lanzarte, solo tendrás que seguir siendo tú mismo y ser feliz descubriendo al otro.

Y, quién sabe, a lo mejor te encuentras con alguien que te cambiará la vida.

PREGUNTAS FRECUENTES

¿CUÁLES SON LAS VENTAJAS Y LOS INCONVENIENTES DE CONOCER A GENTE POR INTERNET?

Internet permite que los individuos que no tienen tiempo y los más tímidos conozcan a gente con la que quizás no podrían encontrarse en la vida real. Aunque todo está diseñado para que se faciliten los encuentros, hay que tener cuidado y no proporcionar ningún dato personal.

¿CON QUÉ PRESUPUESTO TENGO QUE CONTAR PARA REGISTRARME EN UN PORTAL DE CITAS?

Las tarifas varían sensiblemente de un sitio a otro, pero es más interesante contratar un abono de larga duración para obtener tarifas ventajosas. Tomemos como ejemplo seis meses de abono: pagarás entre 12,99 € y 29 € al mes en los sitios que te hemos presentado en esta obra. La ventaja de este principio es que, cuanto más costoso sea el abono, más se escoge a los internautas y más serios son.

¿EXISTEN OTRAS PÁGINAS DONDE SE PUEDE CONOCER A GENTE?

Se pueden utilizar las redes sociales como Facebook y Twitter; también puedes optar por los sitios de intereses comunes (foros) o algunas aplicaciones para *smartphone* (Tinder, etc.).

¿POR QUÉ TENGO QUE ELEGIR UNA FOTO DE PERFIL Y CÓMO LA ELIJO?

Es fundamental la foto de perfil para que el otro pueda ponerte cara. También es una prueba de que te prestas al juego, al contrario que un perfil falso o que un ciberdelincuente. Lo ideal es elegir una foto reciente y, sobre todo, una que te represente lo más fielmente posible para evitar que el otro se lleve una decepción. Saca tu mejor sonrisa, mira el objetivo y haz que alguien te tome una foto.

¿CÓMO COMPLETO MI PERFIL?

Cuando redactas tu perfil, lo importante es que identifiques y destaques lo que te hace único con respecto a los demás, sin exagerar demasiado. También es interesante que indiques tus intenciones.

¿QUÉ REGLAS DEBO RESPETAR CUANDO INTERACTÚO EN INTERNET?

Nunca debes desvelar información confidencial (nombre, datos bancarios, dirección, etc.) y tienes que escuchar tu intuición. Si una persona te parece sospechosa, eres libre de romper el diálogo, de bloquearla y/o de pedir que intervenga un moderador.

¿CUÁNDO Y DÓNDE PROGRAMAR UNA PRIMERA CITA?

En cuanto te sientas cómodo y preparado para dar el siguiente paso, fija una cita con la otra persona. Cuanto antes os conozcáis, antes podrás hacerte una idea real sobre ella. Al determinar el punto de encuentro, opta siempre por un lugar público (cine, restaurante, museo), avisa de los planes a un ser cercano y asegúrate de llevar el móvil encima.

¡Tu opinión nos interesa!
¡Deja un comentario en la página web de tu librería en línea,
y comparte tus favoritos en las redes sociales!

PARA IR MÁS ALLÁ

FUENTES BIBLIOGRÁFICAS

- Adams, Rebecca. 2015. "7 Drawbacks Of Online Dating, According To Science". *Huffington Post Women*. 7 de julio. Consultado el 30 de noviembre de 2017. https://www.huffingtonpost.com/2015/07/07/online-dating-science_n_7745108.html

- Carlier, Matthieu. 2013. "Sites de rencontre: comment identifier les mythos, escrocs et autres losers". *Le Huffington Post*. 2 de mayo. Consultado el 30 de noviembre de 2017. http://www.huffingtonpost.fr/2013/05/02/sites-de-rencontre-comment-identifier-les-mythos_n_3199881.html

- Copeland, Lisa. 2014. "The 9 Essential Rules for Writing Your Online Dating Profile". *Huffington Post*. 9 de octubre. Consultado el 30 de noviembre de 2017. https://www.huffingtonpost.com/lisa-copeland/online-dating-profile_b_5752694.html

- Duportail, Judith. 2012. "Les 'brouteurs' d'Abidjan, les nouveaux escrocs d'Internet". *Le Figaro*. 7 de diciembre. Consultado el 30 de noviembre de 2017. http://www.lefigaro.fr/actualite-france/2012/12/07/01016-20121207AR-TFIG00560-les-brouteurs-d-abidjan-les-nouveaux-escrocs-d-internet.php

- Gannac, Anne-Laure. s. f. "Internet permet-il de 'vraies' histoires?". *Psychologies*. Consultado el 30 de noviembre de 2017. http://www. psychologies.com/Couple/Seduction/L-amour-sur-Internet/Articles-et-dossiers/ Internet-permet-il-de-vraies-histoires

- Gannac, Anne-Laure. s. f. "Internet, le choc du premier rendez-vous". *Psychologies*. Consultado el 30 de noviembre de 2017. http:// www.psychologies.com/Couple/Seduction/L-amour-sur-Internet/Articles-et-dossiers/ Internet-le-choc-du-premier-rendez-vous

- Izadi, Elahe. 2015. "Want to Succeed in Online Dating? Pay More Attention to Your Username". *The Washington Post*. 13 de febrero. Consultado el 30 de noviembre de 2017. https://www.washing-tonpost.com/news/the-intersect/wp/2015/02/13/ want-to-succeed-in-online-dating-pay-more-attention-to-your-username/

- Jaillardon, Katherine. 2015. "De Uber à Tinder, non à 'l'ubérisation' de la société! La séduction n'est pas utilitaire". *L'OBS Le Plus*. 25 de junio. Consultado el 30 de noviembre de 2017. http:// leplus.nouvelobs.com/contribution/1390368-de-uber-a-tinder-non-a-l-uberisation-de-la-societe-la-seduction-n-est-pas-utilitaire.html

- Jayat, Damien. 2013. "Chantage à la webcam: j'ai essayé de coincer mon brouteur". *L'Obs Rue89*. 2

de junio. Consultado el 30 de noviembre de 2017. http://rue89.nouvelobs.com/rue69/2015/06/02/quand-tas-rien-mieux-a-faire-vas-tinder-259512

- Maruani, Alice. 2015. "Quand t'as rien de mieux à faire, tu vas sur Tinder". *L'Obs Rue89*. 16 de diciembre. Consultado el 30 de noviembre de 2017. https://tempsreel.nouvelobs.com/rue89/rue89-internet/20131216.RUE0844/chantage-a-la-webcam-j-ai-essaye-de-coincer-mon-brouteur.html

- Mazaurette, Maïa. 2009. *Osez... les rencontres sur Internet*. París: La Musardine.

- Rice, Francesca. 2017. "15 Ways to Make Your Online Dating Profile Stand Out". *Marie Claire UK*. 31 de agosto. Consultado el 30 de noviembre de 2017. http://www.marieclaire.co.uk/life/sex-and-relationships/15-ways-to-make-your-online-dating-profile-stand-out-from-the-pack-1-118673

50MINUTOS.es
Historia
Economía y empresa
Coaching
Book Review
Salud y bienestar
Arte y literatura
EL DIAGRAMA DE ISHIKAWA
LA GUERRA DE PALESTINA DE 1948
DOMINA EL ARTE DEL NETWORKING
¡APRENDER NUNCA ANTES FUE TAN RÁPIDO!
www.50minutos.es

ISBN ebook: 9782806299413

ISBN papel: 9782806299420

Depósito legal: D/2017/12603/381

Libro realizado por <u>Primento</u>, *el socio digital de los editores*